UN CLOU
DANS LA SERRURE

COMÉDIE-VAUDEVILLE

Représentée pour la première fois, à Paris, sur le théâtre du PALAIS-ROYAL,
le 20 janvier 1865.

Y

UN CLOU
DANS LA SERRURE

COMÉDIE-VAUDEVILLE EN UN ACTE

PAR

EUGÈNE GRANGÉ & LAMBERT-THIBOUST

NOUVELLE ÉDITION

PARIS
MICHEL LÉVY FRÈRES, ÉDITEURS
RUE AUBER, 3, PLACE DE L'OPÉRA

LIBRAIRIE NOUVELLE
BOULEVARD DES ITALIENS, 15, AU COIN DE LA RUE DE GRAMMONT

1872

PERSONNAGES:

HECTOR BRIDOUX, jeune employé dans un ministère...............	MM. Priston.
RAVERGEON, mécanicien au chemin de fer de Lyon..........	Luguet
MALVINA RAVERGEON...... ...	Mlle Hélène Bilhaut.

UN CLOU
DANS LA SERRURE

A Paris, chez Hector. Une chambre de garçon assez élégamment meublée. Au fond, un lit avec des rideaux; à côté du lit, la porte d'entrée donnant sur le carré. A gauche, la porte d'un cabinet de toilette A droite, premier plan, une cheminée dans laquelle il y a du feu; deuxième plan, une fenêtre; une armoire à glace, une table de nuit, fauteuils et chaises, etc., etc.

SCÈNE PREMIÈRE

HECTOR, MALVINA.

(La porte du fond ouverte. Hector est dans la chambre, sur le seuil, son bougeoir allumé à la main. Malvina, sur le carré, allume sa bougie à celle d'Hector.)

MALVINA.

Là! ça y est... Merci, mon voisin.

HECTOR.

Comment donc, ma voisine! C'est la fraternité du bougeoir... Entre voisins, il est permis de s'allumer, et, au besoin... de s'enflammer.

MALVINA.

Brrr!... Je suis gelée!

HECTOR.

Le fait est que ça pince rudement! Vingt-trois degrés centigrade... Ce sont les marchands de cache-nez qui ont commandé ce temps-là à M. Mathieu, de la Drôme.

MALVINA.

Bonsoir, mon voisin... et bonne nuit.

HECTOR.

Ma voisine, je souhaite que les songes les plus folâtres voltigent sur votre couche.

MALVINA, riant.

En vérité ?

HECTOR.

Parole d'honneur...

MALVINA, riant.

Merci, mon voisin... rebonsoir.

HECTOR.

Rebonsoir, voisine. (Malvina disparaît. Hector ferme sa porte en étouffant un éclat de rire.)

SCÈNE II

HECTOR, seul, riant.

Hi! hi! hi!... Elle est bien bonne!... Je viens d'en faire une trop forte... Hi! hi!... Figurez-vous que... non, vrai, je vous la recommande, celle-là!... Elle ne va pas pouvoir rentrer chez elle... J'ai fourré un clou dans la serrure... Hi! hi! hi! Elle est assez réussie, hein?... Voici la chose... (Oh! n'en dites rien!... entre jeunes gens...) Voici la chose : Figurez-vous que depuis deux jours, j'ai pour voisin le nommé Ravergeon, mécanicien au chemin de fer de la Méditerranée, Lyon-Marseille, et Malvina Ravergeon, sa frêle compagne, la petite brune que vous venez de voir. Elle ne vous plaît peut-être pas? Moi, je la trouve piquante. Hier, je montais l'escalier derrière elle... et... elle vous a un bas de jambe... Non, je ne vous dis que ça!... Je n'ai vu que le bas, mais, d'après le rez-de-chaussée, c'est une femme d'une architecture convenable, je vous en flanque mon billet. (Ecoutant.) Ah! je l'entends... elle farfouille : Farfouille, va, ma bonne, farfouille... Hi! hi! hi!... (Continuant.) Finalement, pour vous achever, ce matin, comme je me disposais à aller à mon bureau... j'entends le Ravergeon dire à sa femme : « Oui, ma Laloute, je pars ce soir à sept heures et demie... Je conduis à Marseille le train numéro 12. » Alors, ce soir, moi, pas bête, j'ai fourré un clou dans la serrure; il est minuit moins le quart, si elle ne veut pas passer la nuit sur le carré, elle sera forcée d'accepter l'hospitalité. Un petit souper fin est là... signé Potel et Chabot... et alors, seul avec elle... au coin du feu, en tête-à-tête... Elle est femme; moi, je suis spirituel; je ne suis pas joli, joli... mais enfin je suis gentil... Dernièrement, il y a une femme du monde qui m'a pris pour Bressant, des Français... Ainsi!!... Vous voyez bien... C'est une petite gredinerie Louis XV. (Il éclate de rire.) Non, entre nous, je crois qu'elle est mauvaise pour le train numéro 12!...

AIR *de la Sentinelle.*

Je plains le sort de ce pauvre mari ;
Pendant qu'il court, au coin du feu je veille,
Je vais souper avec sa femme, et lui
Pendant ce temps filera vers Marseille.
Je puis braver l'époux de Malvina. .
S'il le savait pourtant, il rirait jaune.
Par bonheur, de ce souper-là
Nulle bouche ne parlera,
Pas même les bouches... du Rhône!
Bouches du Rhône!!

MALVINA, en dehors.

Ah! c'est trop fort... c'est impatientant à la fin des fins!...

HECTOR.

Elle farfouille toujours... L'entendez-vous farfouiller, hein? Hi! hi! hi! ah! que je m'amuse...

MALVINA.

Nom d'un petit bonhomme! c'est à enfoncer la porte!... (On l'entend cogner.)

HECTOR, ouvrant.

Mon Dieu! qu'avez-vous donc, ma voisine?

MALVINA, en dehors.

Figurez-vous qu'il m'est impossible d'ouvrir ma porte!

HECTOR

Ah bah!

MALVINA.

Il faut qu'on ait fourré quelque chose dans la serrure.

HECTOR, avec compassion.

Vraiment? Ah! voilà une mauvaise plaisanterie, par exemple!

MALVINA.

Oh! il y a des gens si bêtes...

HECTOR.

Le fait est qu'il y a des gens d'un bête! Ils ne savent quoi inventer! Vous ne vous êtes pas trompée de clef, par hasard?

MALVINA.

Oh! non!

HECTOR.

Ah! mon Dieu! que c'est donc contrariant... Vous me voyez bien contrarié, ma voisine!... (Au public, d'un air malin.) Elle va me demander d'aller chercher un serrurier; mais c'est aujourd'hui dimanche, les serruriers sont fermés.

SCÈNE III

HECTOR, MALVINA.

MALVINA, *sur le seuil de la porte du fond.*

Mon voisin?

HECTOR.

Ma voisine?

MALVINA.

Voulez-vous être bien aimable ?

HECTOR.

Aimable ! mais je ne demande que ça...

MALVINA.

Eh bien, ayez donc la complaisance d'aller me chercher un serrurier.

HECTOR, *à part.*

Qu'est-ce que je disais?... (*Haut.*) Mais, ma voisine, c'est aujourd'hui dimanche, les serruriers sont fermés. D'ailleurs, à minuit, les serruriers se doivent aux serrurières... serruriers, mais hommes !

MALVINA.

Quel ennui !... Pas moyen de rentrer chez moi... comment faire?

HECTOR.

Voulez-vous que j'essaye?

MALVINA.

Si vous crochetiez la porte?...

HECTOR.

Crocheter la porte !... C'est que je n'ai pas de rossignol... Et puis, on a ses petits cinq ans de prison... ça me ferait du tort à mon ministère ! Nous avons un chef de bureau qui est si tracassier !

MALVINA.

Que faire?

HECTOR.

Qu'allez-vous devenir ? Vous ne pouvez pas rester comme ça sur le carré... jusqu'à demain matin !

MALVINA.

Avec ça qu'il fait un froid !...

HECTOR.

Mais vous grelottez, ma pauvre voisine... vous avez votre petit nez tout rouge... Entrez, je vous en supplie...

MALVINA.

Oh! chez un garçon...

HECTOR.

Oh! en tout bien tout honneur... Moi, abuser de la situation d'une pauvre jeune femme... Oh!... voisine, vous m'avez fait de la peine... Tenez, voulez-vous rester seule ici... et que moi je passe la nuit sur le carré comme un pauvre chien? Vous me trouverez gelé demain matin, c'est vrai, mais du moins en contemplant mon cadavre, vous vous direz : Ce garçon-là avait du chic. (D'un ton aimable.) Donnez-vous donc la peine d'entrer, voisine.

MALVINA, à part.

Bah! qu'est-ce que je risque?... Je ne crains rien. (Haut.) Tenez, mon voisin, ne pleurez pas, j'accepte.

HECTOR, à part.

O bonheur!... ô joie!... ô béatitude!...

MALVINA, allant prendre une boîte sur le carré.

Permettez-moi seulement de déposer cette boîte.

HECTOR.

Déposez!... Faites comme chez vous, ma voisine!... (A part, fermant la porte.) Elle est dans la gueule du loup!

MALVINA.

Ah! dame, c'est un peu lourd, voyez-vous. (Elle pose la boîte près d'un petit guéridon, à gauche.)

HECTOR.

Tenez, asseyez-vous là... dans ce fauteuil... chauffez-vous les pieds... (Il met du bois dans la cheminée.) Chauffez-vous les petits petons!

MALVINA, s'asseyant près de la cheminée.

Ma foi, ça n'est pas de refus... (Elle se chauffe les pieds.)

HECTOR, à part.

Oh! le bas de jambe! nom d'un chien! c'est le même d'hier!

MALVINA.

Tenez, vous me faites l'effet d'un bon enfant, vous, mon voisin.

HECTOR.

Si je suis bon enfant!... c'est-à-dire que j'ai acheté le fonds de Cadet-Roussel... à l'hôtel des ventes.

MALVINA.

Comme c'est drôle! Dire que me voilà chez un garçon... dont j'ignore même le nom!

HECTOR.

Ça vous intimide ?

MALVINA.

Moi ? ma foi non... Ah! j'en ai vu bien d'autres. .

HECTOR, à part.

Elle en a vu bien d'autres!... Elle a voyagé, cette petite femme-là! Après ça, la femme d'un mécanicien du chemin de fer...

MALVINA.

Vous vous nommez ?...

HECTOR.

Hector Bridoux, vingt-cinq ans, employé au ministère...

MALVINA.

Moi, je me nomme...

HECTOR.

Malvina Ravergeon.

MALVINA.

Ah bah! qu'est-ce qui vous a dit mon nom?

HECTOR.

Mon petit doigt!

MALVINA, riant.

Et puis la portière...

HECTOR.

Et puis la portière aussi... Hi! hi! hi!

MALVINA.

Dites donc, monsieur Hector, avec tout ça, je vais vous empêcher de dormir, moi!

HECTOR.

Dormir auprès de vous, ma voisine! Ah! j'en défierais toutes les marmottes... mâles... de la galanterie française... Mettez donc du bois, s'il vous plaît.

MALVINA, mettant du bois.

D'ailleurs, une mauvaise nuit est bientôt passée.

HECTOR.

Et une bonne aussi... je retourne la sagesse des nations.

MALVINA, tisonnant.

Nous causerons!

HECTOR.

Au coin du feu... Voulez-vous que je vous lise la *Patrie*, journal du soir?

MALVINA.

Est-ce amusant?

HECTOR, prenant le journal, et s'asseyant près de Malvina.

Rarement. Pourtant il y a des jours où c'est moins ennuyeux que d'habitude... (Lisant.) « Affaires d'Amérique. » (A Malvina.) Ça vous intéresse-t-il, la guerre d'Amérique?

MALVINA.

Moi ! ça m'est bien égal.

HECTOR.

Et je le comprends, ma voisine. Il suffit de vous regarder pour le comprendre.

MALVINA.

Pourquoi ?

HECTOR.

Vous n'êtes pas comme les négociants du Havre... vous n'avez pas besoin de coton...

MALVINA.

Tiens, mais vous êtes très-galant, vous ! (A part.) Il est drôle, ce petit bonhomme.

HECTOR, à part, reportant sa chaise, à gauche.

Je lui dis ça, mais elle en a peut être besoin... Les femmes sont si fausses! (Haut.) Ah ! j'y pense !

MALVINA.

Quoi donc?

HECTOR.

Vous n'avez peut-être pas soupé?

MALVINA.

Non... mon souper m'attendait... j'avais une fringale !

HECTOR

Vous aviez une fringale !... Ah ! si vous vouliez partager le mien... le modeste souper de l'employé?...

MALVINA.

Souper avec un garçon?...

HECTOR.

En tout bien tout honneur... Si vous voulez souper toute seule... je mourrai de faim, c'est vrai, mais, du moins, en contemplant mon cadavre...

MALVINA, l'interrompant.

Mourir de faim... mais je ne veux pas ! Saperlotte ! nourrissez-vous, jeune homme.

HECTOR, à part.

Elle a dit saperlotte ! (Haut.) Alors, je peux mettre le couvert?

MALVINA.

Mettez le couvert...

HECTOR.

Pour deux ?

MALVINA.

Pour deux !...

HECTOR.

On y va... (Criant.) Garçon!... champagne frappé, poulet froid, pâté de foie gras... Voilà! voilà! voilà!... (Il entre dans le cabinet et en ressort aussitôt avec une table somptueusement servie. Un homard, un pâté de foie gras, un poulet froid, une bouteille de champagne dans un seau de glace.) Le modeste souper demandé!

MALVINA, lui aidant à porter la table.

Mazette! voilà comme vous vous nourrissez, vous?

HECTOR.

Je vais vous dire : je suis au ministère... et c'est le ministère qui nous nourrit comme ça... parce qu'on a remarqué que quand un employé avait bien soupé, il travaillait bien mieux le lendemain.

MALVINA, rian.

Ah bah!

HECTOR, prenant un bouquet sur la table.

Belle voisine, il est d'usage, quand on soupe avec une jolie femme, de lui offrir un bouquet. Daignez accepter cette modeste horticulture.

MALVINA.

Comment, des fleurs aussi?

HECTOR.

C'est le ministère qui nous les envoie... Pour les militaires, lauriers à discrétion... pour les employés, fleurs selon la saison. Quand nous avons fini notre journée, le garçon de bureau arrive et nous remet un bouquet... Eh bien, voyez-vous, madame, c'est comme ça que les gouvernements se font aimer! Si Louis XIV avait fait ça, il serait encore sur le trône.

MALVINA, prenant le bouquet.

J'accepte!... A table, jeune homme!

HECTOR, à part.

Hi! hi! hi! elle est complétement dans la gueule du loup! Oh! le train nº 12!... Qu'elle est bonne!... Hi! hi!

MALVINA.

Eh bien?...

HECTOR.

Voilà, femme Ravergeon!

ENSEMBLE.

Air : *Polka d'Etling.*

Vive un gai repas
Et vive un tête à-tête!
Ici que l'on fête,
Verre en main, les vins délicats!

(Ils s'assoyent à table, près de la cheminée.)

MALVINA.

J'attaque le poulet.

HECTOR.

Attaquez, voisine.

MALVINA, découpant.

Une aile ou une jambe?

HECTOR.

Oh! une jambe!... un bas de jambe!

MALVINA, le servant.

Voilà!

HECTOR, rapprochant sa chaise.

Oh! voisine, voisine, avez-vous des yeux!

MALVINA, riant.

Mais je l'espère bien!

HECTOR.

Vénus en a commandé le velours à Utrecht.

MALVINA.

Plaît-il?

HECTOR, à part.

Elle n'a pas compris.

MALVINA, se versant à boire.

Vous dites?

HECTOR, rapprochant toujours sa chaise.

Je dis que je bénis le homard... non... le hasard qui nous rassemble en catimini.

MALVINA, reculant sa chaise.

Mais vous vous mettez dans ma poche.

HECTOR.

C'est avec intention.

MALVINA, riant.

Ah bah!

HECTOR.

Malvina, tu es belle!... Malvina, permettez-moi de t'appeler la Vénus du Mollet... hi! hi! hi! (Il avale un verre de champagne.) Ah! je m'amuse!

MALVINA, à part.

Ah bon! compris!

HECTOR, chantant.

O Malvina, je t'aime
D'amour extrême...

MALVINA, lui tapant sur le bras.

Dites donc, jeune homme?

HECTOR, chantant.

Tu es en ma puissance,
En ma puissance!...

MALVINA, même jeu.

Jeune homme?

HECTOR.

S'il vous plait?

MALVINA.

Donnez-vous donc la peine de regarder ce qu'il y a dans cette boite.

HECTOR.

Quelle boite?

MALVINA.

La boite là-bas!

HECTOR, se levant.

Ah! oui... Tiens! des altères!... des poids!

MALVINA.

Levez donc ça en l'air un petit peu pour voir.

HECTOR, riant.

Elle veut me faire travailler? (Il essaie de les soulever.) Oh! pristi! nom d'un petit bonhomme! pas mèche!

MALVINA, à part, se levant.

Une mauviette! j'en étais sûre... (Haut) Allons donc!... des poids de quarante livres... Tenez, voilà comment on joue avec cela... (Elle prend les altères et les rabaisse avec la plus grande facilité) Voilà le truc, jeune homme! (Elle remet les altères dans la boite.)

HECTOR, étonné.

Oh!

MALVINA, se désignant.

Malvina Ravergeon, professeur de gymnastique pour dames et demoiselles ; — ancienne Malvina Floquet, première lutteuse de Provence, surnommée le rempart d'Avignon et le désespoir des malins!... Lutte à main plate, corps à corps, pugilat, canne, bâton, boxe anglaise et française... Parlez, demandez, faites-vous servir!

HECTOR, interdit.

Ah!...

MALVINA.

Air *du Joueur de flûte.*

J'ai lutté dans toute la France;
Partout mon succès fut immense,
J'ai tout renversé, tout tombé;
Arpin lui-même a succombé.
Auprès de moi les hercules
Sont des nains ridicules;
Je les campe sur le dos
Au milieu des bravos.
L'homme n'est qu'une mazette
Et, d'une pichenette,
J'enverrais le plus malin
A Quimpercorantin.

HECTOR.

Ah!... merci!

MALVINA.

Dzing!...
La fameuse Malvina
Qui lutta,
Triompha,
Elle est là,
Regardez.. la voilà!...
Canne, bâton, coups de poing,
Venez, je ne crains point,
Je le dis sans façon,
Rabasson!

HECTOR.

Même air.

Si quelque amant, l'amour dans l'âme,
Voulait vous embrasser, madame,
En l'absence de votre époux,
Femm' Ravergeon, que feriez-vous?

MALVINA.

Je ferais sentir ma griffe
A ce jeune escogriffe.
Je lui pocherais les yeux;
V'li! v'lan! pare, mon vieux!

Puis, je saisirais le traître,
Et, par une fenêtre,
Je le précipiterais.
Oui... je le flanquerais!

HECTOR, parlé.

Ah!... merci!

MALVINA.

Dzing!
La fameuse Malvina
Qui lutta,
Triompha,
Elle est là,
Regardez... la voilà!
Canne, bâton, coups de poing,
Venez, je ne crains point,
Je le dis sans façon,
Rabasson!

(Se remettant à table tranquillement.)

Maintenant, jeune homme, continuons!... A votre santé!

HECTOR, très-refroidi.

Ah! vous avez un joli biceps... pour une petite dame... (Il se rassied, ne mange pas et regarde Malvina avec un étonnement voisin de la crainte.)

MALVINA.

Il n'y a qu'un homme plus fort que moi... c'est mon mari!

HECTOR.

Le sieur Ravergeon... ah! il en pince aussi, le voisin?

MALVINA.

Lui?... il lève cent vingt livres de chaque bras.

HECTOR.

De chaque bras! ah! voilà un homme qui doit être bien aimable.

MALVINA.

Un jour, le train n° 15...

HECTOR.

Ah! c'était le n° 15, ce jour-là?...

MALVINA, continuant.

Le train n° 15 n'avait pas assez ralenti pour entrer en gare... Ravergeon voit ça, il prend une barre de fer, la campe dans la roue, et pan! il arrête le train.

HECTOR.

Il a arrêté le train? Eh bien! madame, il n'y a pas un gendarme qui ferait ça.

MALVINA.

Ah! s'il n'était pas si jaloux!

HECTOR.

Ah! il est jaloux, Ravergeon?

MALVINA.

Il a confiance en moi... parce que...

HECTOR.

Oh! vous pouvez vous défendre!

MALVINA.

Mais il y a un nom qui le rend fou furieux.

HECTOR.

Un nom?

MALVINA.

Oui, le nom d'un de mes cousins qui me faisait la cour avant mon mariage... un gentil garçon... qui levait quatre-vingt-dix livres!...

HECTOR.

Quatre-vingt-dix livres? oh! qu'est-ce que c'est que ça... Il vous aurait rendue heureuse aussi, je ne dis pas... mais vous avez bien fait d'épouser Ravergeon ..

MALVINA.

Mon pauvre cousin... la première fois que j'ai lutté, c'est avec lui... à la foire de Beaucaire...

HECTOR.

Ah! ce sont de purs souvenirs... Est-ce qu'il vous a tombée?

MALVINA, avec fierté.

Les épaules n'ont pas touché! (Elle boit.)

HECTOR.

Ah! je disais aussi...

MALVINA.

Et vous, combien levez-vous?

HECTOR.

Moi?

MALVINA.

Oui.

HECTOR, d'un ton piteux.

Oh! moi, je ne lève rien du tout.

MALVINA, faisant une cigarette et fumant.

Mais vous ne mangez pas...

HECTOR.

Si fait... je grignote... en vous écoutant... Comme ça, votre mari est jaloux de votre cousin?

MALVINA.

Oh! quand on prononce ce nom-là devant lui, il entre dans des colères... il jette tout par la fenêtre.

HECTOR.

Voyez-vous ça!

MALVINA.

Il a déjà jeté trois mobiliers... Aussi vous l'avez vu quand j'ai emménagé, il y a deux jours... je n'ai plus que le strict nécessaire : un lit, une table, deux chaises!... Comme ça, il peut casser tout à son aise.

HECTOR, essayant de rire.

Ah! c'est charmant! ah! on peut dire que voilà une chose drôle, par exemple! (A ce moment, on entend cogner vigoureusement à la porte de Malvina.)

MALVINA, écoutant.

Tiens! on dirait qu'on frappe à ma porte!

HECTOR.

Qu'est-ce que c'est que ça?

RAVERGEON, au dehors.

Malvina! eh! Malvina!

MALVINA, se levant.

Mon mari!

HECTOR, avec effroi, se levant aussi.

L'homme qui arrête les chemins de fer... mais le train nº 12 n'est donc pas parti?

MALVINA.

Taisez-vous, ou vous êtes mort!...

HECTOR.

Mort! mais je ne peux pas mourir... il faut que je sois demain à dix heures à mon ministère!

MALVINA.

Taisez-vous donc!

RAVERGEON, en dehors, cognant toujours.

Malvina!... ah! ça, est-ce que je me serais trompé d'étage, moi?.. Eh! Malvina! c'est moi, Ravergeon! Ah! bagasse, et ma chandelle qui s'est éteinte!

HECTOR.

Sa chandelle est morte!

MALVINA.

Chut!... (On entend des pas qui s'éloignent.)

HECTOR.

Il monte au-dessus!

MALVINA.

S'il savait que j'ai soupé avec vous...

HECTOR, très-ému.

Oh! je serai discret! madame Ravergeon, je suis bien content d'avoir fait votre connaissance... mais partez d'ici!...

MALVINA.

Mais où irai-je?

HECTOR.

Où vous voudrez... mais filez!... (Il ouvre la porte et regarde sur le carré.) Personne! au nom de votre cousin, filez, madame Ravergeon.

MALVINA.

Mais je ne demande pas mieux (Malvina va pour sortir sur la pointe du pied.)

RAVERGEON, en dehors.

Ah! tonnerre de bagasse!

MALVINA, se rejetant vivement dans la chambre.

C'est lui!

HECTOR.

Sapristi!... mais elle est mauvaise, madame.

MALVINA, très-troublée.

Il a vu de la lumière... il vient ici... cachez-moi... ou nous sommes perdus...

HECTOR, la poussant.

Là... dans ce cabinet... (Apercevant la boîte de Malvina.) Sapristi!... vos petits poids... emportez vos petits poids... (Malvina prend la boîte et se jette vivement dans le cabinet. — Seul.) Ah! je n'ai pas une goutte d'eau dans les veines!...

SCÈNE IV

HECTOR, RAVERGEON, collier de barbe noire, cheveux crépus et hérissés en porc-épic, la figure noircie par la vapeur du charbon, un caban de toile cirée par-dessus son paletot. Il a un fort accent languedocien.

RAVERGEON.

Pardon, jeune homme.

HECTOR, ahuri à la vue de Ravergeon.

Qu'est-ce que c'est que ça?

RAVERGEON.

N'est-ce pas de ce côté-là que loge ma femme?

HECTOR, balbutiant.

Vo... votre femme?... connais pas.

RAVERGEON, insistant.

Madame Ravergeon... une belle petite brune... nouvellement emménagée... de mercredi... (Insistant.) de mercredi, que je dis...

HECTOR.

Ah! oui! ah! bon!... je sais... madame Ravergeon?... c'est la porte à côté... au fond du corridor... (Il cherche à refermer sa porte.)

RAVERGEON, la retenant.

Voilà un quart d'heure que je cogne!... qu'elle ne répond pas... que le portier m'a pourtant assuré qu'elle était rentrée depuis demi-heure.

HECTOR, même jeu que précédemment.

Elle sera peut-être ressortie.

RAVERGEON, retenant toujours la porte.

A plus de minuit?... vous plaisantez... que diable voulez-vous qu'une honnête femme fasse dans les rues à des heures indues ?

HECTOR.

Dame!... moi... je ne sais pas... je dis ça...

RAVERGEON.

Elle doit être couchée... c'est probable... je vais frapper encore...

HECTOR, vivement.

Eh bien, oui... c'est ça... frappez, monsieur... (Il referme sa porte ; on entend Ravergeon s'éloigner en grommelant.)

SCÈNE V

HECTOR, MALVINA.

HECTOR.

Ouf!...

MALVINA, reparaissant à la porte du cabinet, et à voix basse.

Eh bien?

HECTOR.

Eh bien, quoi? nous sommes bloqués! Charles XII à Bender, voilà tout!

MALVINA.

Est-ce qu'il n'y a pas dans ce cabinet une issue par laquelle je pourrais m'échapper?

HECTOR.

Rien qu'une lucarne qui donne sur les toits.

MALVINA.

Comment faire?

RAVERGEON, dans le corridor, frappant et appelant.

Malvina!... ouvre donc, chère amie! c'est moi!

MALVINA.

Pas moyen de sortir!

HECTOR.

Ah! ça se corse! ça se corse!

MALVINA, écoutant.

Le voilà qui revient. (On entend Ravergeon frapper à la porte d'Hector.)

HECTOR.

Sapristi!... Qu'est-ce qu'il me veut encore?

MALVINA, bas à Hector.

Ouvrez-lui! tâchez de trouver un prétexte pour l'éloigner... je me sauve! (Elle rentre dans le cabinet.)

HECTOR, seul.

Un prétexte?... avec ça que c'est facile!...

RAVERGEON, frappant et appelant.

Jeune homme!...

HECTOR, avec impatience.

Eh! voilà... voilà!... (A part.) Ah! que je suis fâché d'avoir mis un clou dans la serrure! (Il va ouvrir.)

SCÈNE VI

RAVERGEON, HECTOR.

RAVERGEON.

Toujours du même au même! faut croire qu'elle dort... après ça, ce n'est pas étonnant... elle travaille toute la journée... et quand une fois elle a la tête sur le traversin, bonsoir, ma poule! Le tonnerre il tomberait qu'elle dirait : Dieu vous bénisse!

HECTOR, à part.

Que lui dire pour le décider à partir...

RAVERGEON.

J'enfoncerais bien la porte d'un coup d'épaule... mais ça ferait du dégât... il faudrait payer les réparations.

HECTOR.

C'est clair. (Essayant de rire.) Les propriétaires sont si pingres!

RAVERGEON.

Ma foi, je présume que le mieux est d'y renoncer.

HECTOR, vivement.

Oui, oui, vous avez raison. (D'un ton insinuant.) Et à votre place, j'aurais bien vite pris mon parti, moi... je me déciderais...

RAVERGEON.

A la laisser dormir, et à coucher ailleurs?

HECTOR.

Justement. (A part et avec joie.) Il va filer. (Haut.) Bah! il ne manque pas de garnis à Paris... vous pouvez aller au Grand Hôtel... et vous faire passer pour un riche étranger!...

RAVERGEON.

Un garni!... et pourquoi faire? entre voisins, on ne se gêne pas. Vous êtes garçon... eh bé... je vous demande la permission d'attendre ici le jour.

HECTOR.

Hein? (A part.) Il s'incruste!...

RAVERGEON, apercevant les restes du souper.

Té!... vous étiez en train de souper, vous, mon gaillard?

HECTOR.

Oui... je... j'ai l'habitude... de...

RAVERGEON, s'approchant de la table.

Deux couverts!... ah! farceur!... je devine... vous traitiez votre bonne amie?

HECTOR, très-troublé.

Moi?...

RAVERGEON, regardant autour de lui.

J'ai dérangé le tête-à-tête? j'effarouche la tourterelle?...

HECTOR, vivement.

Non... non... non... elle est partie.

RAVERGEON.

Ah! bah! vous soupez avec une pichonette et vous la laissez partir!... on voit bien que vous n'êtes pas du Languedoc, vous!

HECTOR.

Je vas vous dire, elle avait mal aux dents... alors, je lui ai dit : « Écoutez, Pauline, allez chez le dentiste »

RAVERGEON.

Chez le dentiste? à une heure du matin!

HECTOR.

Oh! vous savez! quand on souffre...

RAVERGEON.

Enfin, ça ne me regarde pas. (S'asseyant à table.) Vous permettez?

HECTOR, à part.

Il va manger, et sa femme qui est là! Ah! quelle nuit!

RAVERGEON, se versant du vin.

Du champagne! mazette! (Après avoir bu.) Fameux vin tout de même!

HECTOR, à part.

S'il pouvait le servir de poison!

RAVERGEON, mangeant.

Vous ne venez pas me tenir compagnie?

HECTOR.

Non, non, je n'ai plus faim.

RAVERGEON.

A votre aise!... faites comme chez vous... je ne prétends pas vous forcer.

HECTOR, à part.

C'est encore heureux!

RAVERGEON.

Par exemple, si je m'attendais à faire, ce soir, votre connaissance...

HECTOR.

Et moi, donc!

RAVERGEON.

Comment vous appelez-vous?

HECTOR.

Hector.

RAVERGEON, buvant.

Eh bien, à la vôtre, Hector!

HECTOR.

Je vous croyais sur la route de Lyon.

RAVERGEON.

Ah! bah!... vous savez ça?... (Avec jalousie.) Vous avez donc parlé à ma femme?

HECTOR, à part.

Pristi!... j'ai dit une bêtise. (Haut.) Non... non... votre femme, je ne l'ai pas encore aperçue... c'est... c'est chez le portier... en rentrant, que j'ai appris ce détail.

RAVERGEON.

Vous jasez avec les portiers? .. mauvaise clique!...

HECTOR.

On disait que vous étiez en voyage...

RAVERGEON, se versant.

Je vas vous dire... je suis pour le train n° 12... et c'est le settante-cinq qui est parti ce soir... Et donc... voilà comment je suis revenu... une simple erreur... voilà tout...

HECTOR.

Je comprends. (A part.) Que le diable le patafiole!...

RAVERGEON, après avoir vidé son verre.

Vous avez peut-être pensé que c'était par jalousie?

HECTOR, protestant.

Moi? oh!

RAVERGEON.

Que je venais comme un Othello pour surprendre ma petite femme?... Eh bé, mon cher, vous aviez tort! je ne suis pas jaloux... j'ai confiance en Malvina... (Avec force.) Mais si elle me trompait... (Il frappe sur la table et casse une assiette.)

HECTOR.

Ah! mon Dieu! ma porcelaine!

RAVERGEON.

Pardon!... c'est sans le vouloir. (Reprenant.) Si elle me trompait, je la jetterais par la fenêtre après l'avoir étranglée de la main que voilà!

HECTOR, à part.

Quel chacal!

RAVERGEON.

Quant à son complice...

HECTOR, inquiet.

Eh bien?

RAVERGEON, reprenant.

Quant à son complice... je n'aurais pour lui que du mépris..

HECTOR, rassuré.

Ah ! (A part.) J'aime mieux ça.

RAVERGEON.

Seulement, comme je ne voudrais pas être exposé à le rencontrer dans le monde... je le jetterais par la fenêtre... après l'avoir escarbouillé de la main que voilà.

HECTOR, effrayé.

Ah! fichtre!... lui aussi? Ah! vous ne variez pas vos moyens, vous!

RAVERGEON, avec force.

Je les briserais tous les deux comme ceci!... (Il casse une autre assiette.)

HECTOR.

Encore une!

RAVERGEON.

Pardon!... c'est sans le vouloir!

HECTOR, avec humeur.

Sans le vouloir!... sans le vouloir!...

RAVERGEON.

Ce n'est rien... ça se recolle parfaitement... (Prenant son verre.) A votre santé, mon bon! (Il boit.)

HECTOR, à part.

Il va se griser! Ah! quelle nuit, mon Dieu! en voilà une nuit d'amour!

RAVERGEON.

Bagasse!... on étouffe, chez vous... c'est une étuve, parole d'honneur. (Il prend la carafe et la vide sur le feu.)

HECTOR.

Eh bien! eh bien! vous jetez de l'eau?...

RAVERGEON.

Parbleu, vous faites un feu à rôtir un bœuf! qu'il y a de quoi avoir un coup de sang...

HECTOR, regardant le foyer.

Quel gâchis! voilà mon tapis dans un joli état!...

RAVERGEON.

Un peu de cendres... c'est moins que rien... avec une brosse... (Se passant la main sur le front.) La tête me fêle!... (Se levant.) Vous permettez que j'ouvre la fenêtre? (Il va l'ouvrir.)

HECTOR, se récriant.

Ouvrir la fenêtre! par ce froid!

RAVERGEON.

Laissez donc!... un peu d'air ne fait jamais de mal... Ah! que c'est bon de respirer!...

HECTOR, boutonnant sa jaquette.

Saperlotte!

RAVERGEON, se remettant à table et versant.

Buvez un coup... ça vous réchauffera...

HECTOR, grelottant.

Du champagne glacé? merci!...

RAVERGEON, riant.

Ni soif ni faim... Ah! quelle femmelette vous faites donc! Ah! ah! ah! (Il boit.)

HECTOR, à part.

Et dire qu'en voilà comme ça jusqu'à demain matin!

RAVERGEON, chantant à tue-tête.

L'agnéo qué tou m'as douna,
Cé n'es una
Coum uno bestia...

HECTOR, pour le faire taire.

Monsieur Ravergeon!... monsieur Ravergeon!... pas si fort!... vrai!...

RAVERGEON.

Je veux vous chanter quelque chose... l'Agneau... Voulez-vous que je vous chante l'Agneau?

HECTOR.

Non... non... pas ce soir.

RAVERGEON.

Hé donc! pourquoi ça?

HECTOR.

Parce que... parce que... il y a une sage-femme à côté.

RAVERGEON.

Une sage-femme... Eh bé?

HECTOR.

Elle est fatiguée... toute sa clientèle est revenue de la campagne... La nuit dernière, elle a eu trois commandes! alors, vous comprenez...

RAVERGEON, riant.

Je comprends!... ah! ah! ah!

HECTOR, riant aussi.

Hi! hi! hi!

RAVERGEON.

Tu me fais l'effet d'un bon petit couquinasse, toi!

HECTOR.

Il me tutoie!

RAVERGEON.

Laisse-moi te tutoyer... tu es un homme, toi?... Pas vrai, que tu es un homme?

HECTOR.

Je me le suis laissé dire. Après ça les femmes sont si fausses.

RAVERGEON, riant.

Ah! satané farceur, va! (Il lui donne un coup de poing qui envoie Hector contre le mur.)

HECTOR.

Oh! la! la!... oh! la! la!

RAVERGEON, regardant une photographie accrochée au mur.

C'est ton portrait, ça?

HECTOR.

Non.

RAVERGEON.

Il n'est pas ressemblant.

HECTOR, impatienté.

Je vous dis que ce n'est pas moi, c'est un de mes amis, un nommé Gustave...

RAVERGEON, furieux.

Gustave!... (Il se lève et renverse la table d'un coup de pied.)

HECTOR, effrayé.

Ah! ciel! qu'est-ce qu'il y a?...

RAVERGEON, arpentant la chambre avec colère.

Gustave! le nom du cousin de Malvina! de mon odieux rival!...

HECTOR, stupéfait et à part.

Sapristi!... j'ai mis dans le mille!

RAVERGEON.

Ah! gredin! scélérat! (Il saisit le guéridon et le lance par la fenêtre.)

HECTOR, poussant un cri.

Oh!

RAVERGEON.

Ah! brigand! (Il prend les fauteuils, les chaises qu'il jette également.)

HECTOR.

Dieu! mon palissandre! (Cherchant à préserver ses meubles.) Laissez ça... laissez ça.

RAVERGEON.

Troun de l'air! il faut que tout y passe! (Il s'empare de l'armoire à glace.)

HECTOR.

Miséricorde, mon armoire... il est enragé!... (Il se cramponne à l'armoire, Ravergeon la lui arrache et la jette.) Ah! (Ravergeon, dans sa rage, saisit Hector qu'il balance au-dessus de la croisée. Celui ci pousse des cris de détresse, en gigottant.) Au secours! arrêtez!...

RAVERGEON.

Pardon, je te prenais pour la table de nuit... (Il le repose à terre.)

HECTOR, se rajustant.

La table de nuit!... (On entend du dehors des fenêtres qu'on ouvre, et la voix des voisins courroucés.)

VOIX DIVERSES.

C'est une horreur! c'est une infamie!...

HECTOR.

Allons, bien! les voisins!

ENSEMBLE.

HECTOR.

Ah! c'est affreux,
C'est odieux.
Le voilà furieux!
Ah! grand Dieu, quel dégât,
Et pour moi quel fâcheux éclat!

RAVERGEON.

Ah! c'est affreux,
C'est odieux,
Je me sens furieux,
Au nom du scélérat
Je veux ici faire un éclat.

LE CHŒUR, en dehors.

Ah! c'est affreux!
C'est odieux!
Quel vacarme en ces lieux!
Quel est le scélérat
Qui vient ici faire un éclat!

(Pendant l'ensemble, Ravergeon a jeté par la fenêtre le reste du mobilier, la pendule, les vases; il ne reste dans la chambre que le lit et la table de nuit.)

HECTOR, avec accablement.

Plus rien !

RAVERGEON, se calmant.

Ah ! ça va mieux ! (A Hector). Maintenant, tu peux fermer la fenêtre.

HECTOR.

Il est bien temps ! (Regardant en dehors d'un air piteux.) Tout mon mobilier en cannelle !...

RAVERGEON, tranquillement.

Que veux-tu, mon pauvre petit, toutes les fois que j'entends prononcer ce satané nom... le sang me porte à la tête... il faut que je jette tout par la fenêtre... c'est nerveux !...

HECTOR, à part.

Et sa femme qui ne me prévient pas... qui me laisse polker sur une poudrière !...

RAVERGEON, tirant un foulard de sa poche et se coiffant.

Par bonheur que tu loges sur la cour... autrement j'aurais pu assommer quelque passant...

HECTOR.

Il n'aurait plus manqué que ça !

RAVERGEON, ôtant son paletot et son gilet, qu'il étale sur le pied du lit.

Enfin... quoi... le mal est fait... Quand tu te désolerais, ça n'avancerait de rien... n'y pensons plus.

HECTOR, le regardant d'un air ébahi et à part.

Qu'est-ce qu'il fait ?... qu'est-ce qu'il fait ?...

RAVERGEON, après avoir cherché.

Est-ce que tu n'as pas de tire-bottes ?

HECTOR.

Un tire-bottes... (A part.) Il va se déchausser ?...

RAVERGEON.

Non ?... ça ne fait rien... je m'en passerai ! (Il retire ses bottes.) A la guerre comme à la guerre ! (Il ôte son pantalon.)

HECTOR, à part.

Comment !... il se déshabille !... (Ravergeon, en caleçon, soulève la couverture, met un flambeau allumé près du lit sur la table de nuit, et se couche.) Il se fourre dans mon lit !... et ma femme de ménage qui a mis des draps blancs !...

RAVERGEON, dans le lit.

Aimes-tu mieux la ruelle ou le bord ?

HECTOR.

Plaît-il ?

RAVERGEON.

Je te demande si tu préfères la ruelle ou le bord?

HECTOR, à part.

Il veut que je couche avec lui!...

RAVERGEON.

Eh! bé... tu restes là?... il y a de la place pour deux...

HECTOR, à part.

M'étendre auprès de cette bête fauve?... Plus souvent!...

RAVERGEON, la tête sur l'oreiller.

Est-ce que tu n'as pas envie de dormir?...

HECTOR.

Non, non, pas la moindre envie...

RAVERGEON, commençant à s'endormir.

Ce n'est pas comme moi, je tombe de sommeil.

HECTOR, à part.

Si je profitais de ça pour faire évader la prisonnière?... (Il s'approche de lui avec précaution et écoute. On entend un ronflement prodigieux.) Il sommeille! O Morphée, sois-moi propice!... (Il souffle la bougie, puis il approche, sur la pointe des pieds, du cabinet, dont il ouvre doucement la porte; Malvina parait.)

SCÈNE VII

Les Mêmes, MALVINA.

HECTOR, bas à Malvina.

Venez!...

MALVINA, bas.

On peut enfin sortir?

HECTOR, bas.

Oui... il dort... Filez vite!... (Malvina se dirige à tâtons vers la porte du fond, mais tout à coup Ravergeon se réveille.)

RAVERGEON, sur son séant.

Té!... tu as éteint, Hector?

MALVINA, s'arrêtant effrayée.

Oh!

HECTOR, à part.

Pristi!... (Il reste immobile.)

RAVERGEON, cherchant des allumettes dans son paletot qui est sur le lit.

J'ai besoin d'y voir clair quand j'ai les yeux fermés. (Il frotte l'allumette.)

MALVINA, à part.

Ciel!... (Elle se blottit dans les rideaux au pied du lit.)

HECTOR, à part, immobile d'effroi.

Il avait des allumettes!

RAVERGEON, rallumant la bougie.

C'est un tic que j'ai comme ça!... Je ne puis pas dormir dans l'obscurité.

HECTOR, à part.

Je suis pincé!

MALVINA, à part.

Essayons de regagner ma cachette!... (Elle se glisse, en se baissant, vers le cabinet où elle rentre; Ravergeon, qui commençait à se rendormir, se réveille au bruit que fait la porte en se refermant.)

SCÈNE VIII

RAVERGEON, HECTOR.

RAVERGEON, sur son séant.

Hein?...

HECTOR.

Quoi?...

RAVERGEON.

On a poussé une porte!...

HECTOR, balbutiant.

Une porte?... vous croyez?... Ah! oui... c'est le vent... c'est si mal joint ici... il y a des courants d'air...

RAVERGEON.

Des courants d'air?...

HECTOR.

Allons! bonne nuit, dormez!

RAVERGEON, la tête sur l'oreiller.

Oui... je vais tâcher de retaper de l'œil! (Il commence à se rendormir. On entend du bruit dans le cabinet.)

HECTOR, à part.

Ciel!

RAVERGEON, se redressant.

Cette fois je ne me trompe pas!... Il y a quelqu'un ici!

HECTOR, très troublé.

Quelqu'un?... Non... non...

RAVERGEON, remettant son patalon.

Allons donc ! je vous dis qu'on a fait du bruit dans ce cabinet !... (Il saute à bas du lit, et court ouvrir la porte du cabinet.)

HECTOR, s'affaissant.

Ravergeon ! Ah ! tout est perdu... je suis mort !

RAVERGEON, qui est entré dans le cabinet, revenant.

Personne !

HECTOR, très-surpris.

Hein ?...

RAVERGEON.

C'est singulier, j'avais entendu remuer là dedans...

HECTOR.

C'est... c'est le vent.

RAVERGEON, incrédule.

Le vent !... le vent !...

HECTOR.

Et puis, j'ai des souris... des petites souris... (A part.) Où diable est-elle passée ?

RAVERGEON, qui a de nouveau regardé dans le cabinet, d'un air goguenard.

Des souris ?... Ce sont elles qui ont laissé ce bonnet ?... (Il montre le bonnet que portait Malvina.)

HECTOR, à part, stupéfait.

Dieu !...

RAVERGEON, examinant le bonnet.

Ah çà ! mais c'est le bonnet de ma femme !...

HECTOR, tremblant.

De... de votre femme !...

RAVERGEON, furieux.

Ah ! gredin... tu me trompais... Elle est venue chez toi...

HECTOR, effrayé et se sauvant.

Chez moi ?... Jamais ! au grand jamais !... je proteste !...

RAVERGEON, le poursuivant.

Tu mens !... Tu ne périras que de ma main !... (Il le renverse sur le lit, les rideaux tombent ; — on entend frapper à la porte du fond.)

HECTOR.

On frappe !... (A part.) Dieu soit loué !

RAVERGEON, le lâchant.

C'est bon !... Allez ouvrir !...

HECTOR, à part.

Qui diable ça peut-il être ?... (Il ouvre. — Malvina en négligé de nuit, un bougeoir à la main, paraît. Stupéfait.) Elle !...

SCÈNE IX

LES MÊMES, MALVINA.

RAVERGEON.

Ma femme!

HECTOR, à part.

Elle a passé par la lucarne.

MALVINA.

Je vous demande pardon de vous déranger, mon voisin.

RAVERGEON.

Comment!... c'est toi?... te voilà?

MALVINA.

Eh! sans doute, c'est moi!... j'ai entendu du bruit, je me suis levée... J'ai reconnu ta voix à travers la porte et je viens te chercher.

RAVERGEON.

Ah! bah!

MALVINA.

Ah çà! tu n'es donc pas parti pour Lyon?

RAVERGEON.

Le settante-cinq est parti.

MALVINA, lui tapotant les joues.

Ah! quelle agréable surprise... que je suis contente de te revoir!

HECTOR, à part.

Comme c'est gracieux pour moi!

MALVINA.

Allons, viens!... rentrons chez nous...

RAVERGEON.

Minute!... et ce bonnet?... (Il montre le bonnet.)

MALVINA.

Eh bien! quoi, ce bonnet? je ne le connais pas, il n'est pas à moi!

RAVERGEON, parlant patois.

Es véraï?

MALVINA.

Es véraï.

RAVERGEON.

Tou mé lé djouro?

MALVINA.

Té djouro.

RAVERGEON.

Sou la testo dé moun païré?

MALVINA.

Sou la testo dé toun païré.

HECTOR, à part.

C'est du javanais! (Haut.) Mais oui, oui, c'est à ma bonne amie... une femme que j'idole... Pauline... l'ange de la fluxion.

RAVERGEON.

C'est drôle! J'aurais parié... (Musique en sourdine à l'orchestre.)

MALVINA, d'un air câlin et cherchant à l'entraîner.

Viens donc, gros jaloux! (L'embrassant.) Es pouli, lo pichoun!...

RAVERGEON, souriant.

Ah! couquinasse!... Elle est gentille, ma femme! (Il va reprendre ses effets sur le lit.)

MALVINA, avec ironie.

Pardon encore de vous avoir dérangé, mon voisin!...

HECTOR, à part.

Elle me gouaille!

RAVERGEON, à Hector, en tendant le bras à Malvina.

Bonne nuit, jeune homme, ne faites pas de mauvais rêves! (A Malvina.) Allons nous coucher, ma petite femme!...

HECTOR, à part, sur le devant.

Ah! que je suis donc fâché d'avoir mis un clou dans la serrure!...

FIN

www.ingramcontent.com/pod-product-compliance
Ingram Content Group UK Ltd.
Pitfield, Milton Keynes, MK11 3LW, UK
UKHW022142260726
13993UKWH00005B/2095

9 782329 334615